Almanach des légumes

EXKI

Almanach des légumes

recettes & conseils

marabout

Sans gluten

Végétarien

Sans lactose

Avant-propos

Cet *Almanach des légumes* est né d'une idée très simple : nous nous nourrissons mieux lorsque nous mangeons en harmonie avec la nature.

Plus de nature dans l'assiette, c'est d'abord plus de plaisir. Les recettes savoureuses que nous vous présentons ici ont été plébiscitées par nos clients. Elles sont le résultat du talent et de l'expérience de nos chefs qui, depuis quinze ans, subliment les ingrédients simples dans des plats gourmands.

Bien se nourrir doit aussi être facile. Faire la cuisine doit donc être simple et rapide. C'est pour cela que l'*Almanach des légumes* vous aidera à choisir les légumes et les fruits de saison lorsque vous ferez votre marché. Et qu'il vous propose des recettes inratables que vous réaliserez en un tournemain.

Enfin, se nourrir en harmonie avec la nature est la meilleure façon d'être en forme et de le rester. Tous les nutritionnistes le disent : les légumes ont des effets bénéfiques sur la santé, remettons-les à l'honneur !

Cuisiner des produits de saison, valoriser les végétaux, donner la préférence aux agriculteurs respectueux de la planète : chez EXKi, c'est ce que nous faisons quotidiennement. Grâce à l'*Almanach des légumes*, nous vous proposons de prolonger cette expérience chez vous.

Frédéric Rouvez et Nicolas Steisel
Fondateurs d'EXKi

printemps

LES LÉGUMES DE PRINTEMPS

La carotte

Au marché, choisissez des carottes bien fermes, d'une couleur orange intense, teintée de rouge. Si vous les achetez en botte, les feuilles doivent être vigoureuses et bien vertes. Crue, cuite, en version salée ou sucrée, la carotte se prête à toutes les préparations ! Vous pourrez la proposer en jus vitaminé, en salade, en soupe, ou même en risotto ou encore dans un taboulé léger et original. On l'aime braisée, en purée, en velouté ou en soufflé, mais elle peut aussi s'intégrer à vos quiches et tartes salées.

Les haricots

Qu'il soit vert, « beurre » ou « mange-tout », le haricot doit être d'une couleur éclatante et uniforme, surtout pas desséché ni taché. Un petit truc pour reconnaître sa fraîcheur : lorsqu'on le casse en deux, une fine goutte d'eau doit perler à l'endroit où on l'a rompu. Privilégiez les haricots extrafins, moins susceptibles de contenir des fils… Vous les conserverez au moins quatre jours dans le bac à légumes du réfrigérateur. Une fois cuits à l'eau ou à la vapeur, les haricots se plaisent froids, en salade, avec quelques brins de persil, de cerfeuil ou de ciboulette. On les aime aussi chauds, simplement assaisonnés de beurre frais et d'une pointe d'ail, ou avec des pommes de terre et des œufs, histoire de mettre un peu de couleur dans les assiettes.

Le navet

Si l'on compte plus de trente variétés de navets dans le monde, les plus courants restent les navets ronds, de couleur blanche, à col violet. On trouve aussi de jolis navets « boule d'or », à la peau jaune doré et à la chair fine et tendre. Achetez plutôt des petits navets (les plus gros sont souvent ligneux et durs), bien fermes, lourds, avec une peau lisse et sans tache ni meurtrissure. Vous les conserverez quelques jours au frais. Petit et jeune, le navet peut se consommer cru et râpé, à l'image des carottes. On le prépare également en soupe ou en purée, avec des pommes de terre, ou intégré à un plat mijoté.

Les radis

Plus ou moins allongés, à bout rose ou blanc, les radis doivent être fermes, lisses, sans meurtrissure et leurs fanes doivent être fraîches et bien vertes. Généralement, les radis se consomment avec pain beurré et sel, mais vous pouvez remplacer le beurre par du fromage blanc relevé de ciboulette ou les proposer à l'apéritif en minibrochettes, avec des cubes de comté et des tomates cerises. Le radis peut également se consommer en salade avec d'autres légumes. Cuites, les fanes peuvent servir à concocter un savoureux potage.

La salade

Luisante, d'un vert éclatant et sans feuilles jaunies ou flétries, voilà les caractéristiques d'une bonne salade. Vérifiez également que sa base soit bien blanche et non desséchée. Fragile, elle doit être consommée rapidement après achat et sera impérativement conservée dans le bac à légumes du réfrigérateur. Une fois épluchée et lavée (évitez de la faire tremper dans l'eau, elle perdrait ses précieuses vitamines), la salade se plaît à toutes les sauces ! On l'aime en entrée, assaisonnée d'une vinaigrette et relevée d'un peu de basilic ou de cerfeuil. Elle fait la base de savoureuses salades composées. Les possibilités sont infinies.

haricots verts
roquette
carotte
chou-fleur
navet
brocoli
salade romaine
oignon nouveau
radis
petits pois
pak choï
haricot mange-tout
céleri branche

JUS VITAMINÉS DE PRINTEMPS

Jus vert & coco

Ingrédients pour 4 verres

100 cl d'eau de coco
2 pommes vertes (Granny Smith)
30 g de roquette
1 concombre
75 g de glaçons

Laver et couper les pommes en quartiers.
Enlever le trognon.
Laver et couper le concombre en deux dans le sens de la longueur. Enlever les pépins.
Laver et couper la roquette.
Couper les pommes et le concombre en petits morceaux avant de les mixer avec l'eau de coco bien froide et les glaçons.
Ajouter la roquette et mixer à nouveau.

Jus de carotte à la coriandre

Ingrédients pour 4 verres

4 carottes
50 cl de jus de carotte
1 citron vert
2 branches de coriandre
100 g de yaourt nature
400 g de glaçons

Laver, éplucher et râper finement les carottes.
Les mixer avec le jus de carotte, le jus du citron vert, le yaourt et les glaçons. Ajouter la coriandre ciselée et mixer à nouveau.

Jus de légumes détox

Ingrédients pour 4 verres

½ brocoli
1 fenouil
2 branches de céleri vert
100 g de pousses d'épinard
1 cube de bouillon de légumes
sel
poivre

Laver et couper en morceaux le brocoli, le fenouil, les pousses d'épinard et le céleri.
Préparer le bouillon de légumes dans ½ litre d'eau.
Mixer les légumes avec le bouillon. Saler, poivrer et servir frais.

Jus menthe, orange & concombre

Ingrédients pour 4 verres

4 oranges
1 concombre
4 branches de menthe
4 cuillères à café de sucre roux en poudre
2 sachets de thé vert
400 g de glaçons

Laisser infuser les sachets de thé dans 4 verres d'eau froide pendant 15 minutes.
Mixer les oranges épluchées, coupées en quartiers et le concombre coupé en tronçons avec le thé infusé, le sucre et les glaçons. Servir aussitôt.

SALADES DE PRINTEMPS

Salade haricots verts & petits pois

Ingrédients pour 4 personnes

300 g de haricots verts
80 g de petits pois
6 oignons nouveaux
75 g de poivron rouge
30 cl d'huile de colza
5 cl d'huile d'olive
20 cl de vinaigre de vin
sel
poivre

Dans une grande casserole d'eau bouillante salée, cuire les haricots verts équeutés 20 minutes sans les couvrir. Cuire les petits pois écossés dans une autre casserole d'eau bouillante salée pendant 10 minutes. Rafraîchir les haricots verts et les petits pois directement après la cuisson.
Dans une poêle chaude, faire revenir le poivron coupé en lanières quelques minutes dans l'huile d'olive. Il doit rester croquant. Déglacer la poêle au vinaigre et à l'huile de colza. Mélanger les petits pois, les haricots verts, le poivron et les oignons émincés. Arroser de sauce, saler et poivrer.

Concombre & pak choï

Ingrédients pour 4 personnes

1 concombre
½ pak choï (chou chinois)
100 g de salade wakamé toute prête (dans les épiceries asiatiques)
8 cuillères à café de graines de sésame
8 cl de vinaigre de riz
15 cl de sauce soja

Laver et émincer le pak choï.
Laver et couper le concombre en deux dans le sens de la longueur. Enlever les pépins, puis le couper en bâtonnets.
Mélanger le pak choï, les bâtonnets de concombre et la salade wakamé. Assaisonner de vinaigre de riz et de sauce soja, puis saupoudrer de graines de sésame. Laisser mariner au frais environ une heure avant de servir.

SOUPES DE PRINTEMPS

Soupe de fanes de radis

Ingrédients pour 4 personnes

3 bottes de radis
1 oignon
3 pommes de terre
1 courgette
1 cube de bouillon de légumes
10 cl d'huile d'olive
sel
poivre

Couper et laver abondamment les radis et les fanes. Couper en petits morceaux l'oignon épluché, la courgette lavée et les pommes de terre épluchées et lavées.
Placer l'oignon, la courgette et les pommes de terre dans une grande casserole. Recouvrir d'un litre d'eau et ajouter le cube de bouillon. Saler, poivrer et laisser cuire 20 minutes.
Ajouter les fanes de radis et l'huile d'olive avant de mixer. Servir garni de radis coupés en lamelles.

Soupe de chou-fleur au curry

Ingrédients pour 4 personnes

1 chou-fleur
2 oignons
4 pommes de terre
2 grosses pincées de curry madras en poudre
1 cube de bouillon de légumes
10 cl d'huile d'olive
sel
poivre

Dans une grande casserole, faire suer l'oignon émincé quelques minutes avec l'huile d'olive. Saupoudrer de curry.
Ajouter le chou-fleur et les pommes de terre épluchés et coupés en morceaux.
Recouvrir d'un litre d'eau. Ajouter le cube de bouillon, saler, poivrer et laisser cuire 20 minutes. Mixer et servir.

Salade lentilles & petits pois

Ingrédients pour 4 personnes

180 g de lentilles vertes
140 g de petits pois
1 poivron rouge
½ boîte de cœurs d'artichauts
60 g d'oignons aigres-doux
1 concombre
140 g de salade de jeunes pousses
40 g de cerfeuil
20 cl d'huile de colza nature
15 cl de vinaigre balsamique
sel
poivre

Rincer rapidement les lentilles à l'eau froide. Les mettre dans une casserole avec trois fois leur volume d'eau froide légèrement salée.
Porter à ébullition et laisser cuire à couvert 15 à 20 minutes.
Cuire les petits pois écossés dans une grande casserole d'eau bouillante salée pendant 10 minutes. Les rafraîchir aussitôt après la cuisson avec de l'eau froide.
Laver les légumes et égoutter les cœurs d'artichauts.
Couper le poivron en brunoise, puis les cœurs d'artichauts et le concombre en petits cubes.
Égoutter les lentilles et les petits pois. Mélanger l'ensemble avec les oignons.
Assaisonner et disposer dans les assiettes.
Ajouter la salade de jeunes pousses et saupoudrer de cerfeuil haché.

Risotto au jus de carotte

Ingrédients pour 4 personnes

250 g de riz pour risotto
300 g de blancs de volaille
100 g de carottes
50 g de petits pois
0,5 l de jus de carotte
50 g d'oignon jeune
0,75 l de bouillon de légumes
5 feuilles de sauge
25 g de beurre
15 cl d'huile d'olive
sel
poivre

Dans une casserole d'eau bouillante salée, blanchir les petits pois écossés 5 minutes. Stopper la cuisson en les égouttant et en les arrosant d'eau froide immédiatement.
Faire cuire les carottes épluchées et coupées en rondelles dans une poêle avec un filet d'huile d'olive pendant 15 minutes à feu doux.
Dans une grande poêle chaude, verser l'huile d'olive et faire revenir l'oignon émincé. Ajouter le riz rincé. Mélanger quelques minutes avant de verser la moitié du bouillon de légumes, puis la moitié du jus de carotte.
Laisser cuire à feu doux en remuant régulièrement. Ajouter petit à petit le reste du bouillon de légumes et du jus de carotte sans cesser de mélanger.
Dans une poêle antiadhésive, cuire les blancs de volaille.
Terminer la cuisson du risotto en y ajoutant le beurre, puis les carottes et les petits pois. Saler, poivrer et mélanger. Servir aussitôt avec les blancs de volaille.

Soupe waterzooi

Ingrédients pour 4 personnes

2 carottes
2 céleris branches
1 poireau entier
200 g de blancs de volaille
100 g de riz
2 oignons jaunes
1 gousse d'ail
0,25 l de bouillon de légumes
1 branche de thym
1 feuille de laurier
1 pincée de cerfeuil haché
sel
poivre

Nettoyer et couper les légumes en gros morceaux.
Dans une grande casserole, disposer les légumes, les blancs de volaille entier, les oignons émincés et l'ail haché. Recouvrir d'eau. Ajouter le thym et le laurier. Saler, poivrer et laisser cuire à feu moyen.
Après 10 minutes de cuisson, retirer la viande, la couper en morceaux.
Poursuivre la cuisson des légumes pendant encore 20 minutes.
Dans une autre casserole, faire cuire le riz dans le bouillon de légumes pendant 10 minutes.
Mélanger l'ensemble et saupoudrer de cerfeuil.

Salade romaine & jeunes pousses

Ingrédients pour 4 personnes

1 salade romaine
100 g de jeunes pousses de roquette
100 g de pousses d'épinard
100 g de pousses de betterave rouge
50 g de parmesan en bloc
1 oignon rouge
50 g de yaourt blanc
50 g de pain au levain
10 cl de moutarde
10 cl de vinaigre de vin
40 cl d'huile de tournesol
20 cl d'huile d'olive
5 pincées d'origan séché
sel
poivre

Laver la salade et les pousses. Couper la salade romaine en gros morceaux. Faire des copeaux de parmesan avec environ les ¾ du bloc et râper le reste. Couper le pain au levain en cubes. Dans une poêle chaude, verser l'huile d'olive et faire revenir les cubes de pain quelques minutes afin d'en faire des croûtons. Saupoudrer d'origan.
Préparer la vinaigrette en mélangeant le yaourt et la moutarde. Ajouter le vinaigre, puis mixer en versant doucement l'huile de tournesol. Saler et poivrer. Mélanger les morceaux de salade, les pousses, l'oignon émincé, le parmesan râpé et assaisonner de vinaigrette. Décorer les assiettes de copeaux de parmesan et de croûtons.

Taboulé chou-fleur & quinoa

Ingrédients pour 4 personnes

1 chou-fleur
½ brocoli
2 carottes
100 g de quinoa
30 g de noisettes
20 g de graines de courge
2 pincées de cerfeuil haché
10 cl d'huile de colza
sel
poivre

Laver, éplucher et couper les carottes en brunoise. Les faire cuire dans une casserole d'eau bouillante salée pendant 15 minutes.
Laver le chou-fleur et le brocoli.
Râper les bouquets de chou-fleur pour en faire la semoule du taboulé.
Couper le brocoli en fines lamelles.
Rincer le quinoa avant de le verser en pluie dans une casserole d'eau bouillante. Laisser cuire 18 minutes et égoutter.
Mélanger les carottes, le chou-fleur, le brocoli, le quinoa, les noisettes concassées et les graines de courge. Ajouter l'huile, saler, poivrer et saupoudrer de cerfeuil avant de servir.

Linguini aux blettes

Ingrédients pour 4 personnes

240 g de linguini
1 petit radicchio (salade trévise)
160 g de pousses d'épinard
60 g de tomates semi-confites
1 blette pas trop grasse
40 g de copeaux de parmesan
18 cl d'huile d'olive
2 cl d'huile de noisette
sel
poivre

Laver et équeuter les pousses d'épinard.
Couper finement les feuilles et les branches de blette équeutées.
Effeuiller et couper en gros morceaux le radicchio.
Faire cuire les linguini dans une grande casserole d'eau salée bouillante. Les égoutter et les rincer immédiatement à l'eau froide pour stopper la cuisson et les arroser d'un filet d'huile d'olive pour éviter qu'elles collent.
Mélanger les légumes et les pâtes. Ajouter les tomates confites.
Assaisonner d'huile d'olive et d'huile de noisette.
Saler, poivrer et disposer les copeaux de parmesan.

Salade vermicelle & radis

Ingrédients pour 4 personnes

80 g de chou-rave
75 g de céleri-rave
1 botte de radis
150 g de vermicelle
30 g de carotte
½ oignon blanc
10 g de noix de cajou
10 g de citronnelle ciselée
25 cl de vinaigre de vin
12 cl d'huile de colza
15 g de moutarde de Dijon
sel
poivre

Laver et couper les radis en rondelles. Laver et couper le chou-rave en julienne.
Laver, éplucher et râper les carottes.
Émincer l'oignon et la citronnelle.
Disposer les noix de cajou sur la plaque du four recouverte de papier sulfurisé.
Les enfourner quelques minutes sur la position gril pour les rôtir.
Dans une grande casserole d'eau salée bouillante, cuire le vermicelle pendant 10 minutes en mélangeant régulièrement. Stopper la cuisson en versant de l'eau glacée. Égoutter.
Mélanger le vermicelle, les légumes, l'oignon, la citronnelle et les noix de cajou.
Préparer une vinaigrette en faisant cuire le céleri-rave coupé en cubes dans une casserole d'eau. Egoutter et garder l'eau de cuisson.
Mixer le céleri avec le vinaigre et la moutarde. Ajouter l'huile de colza et, si besoin, l'eau de cuisson du céleri.
Arroser de vinaigrette la salade de vermicelle aux radis et servir.

Salade chou & papaye

Ingrédients pour 4 personnes

250 g de chou blanc
1 poivron rouge
2 branches de céleri vert
½ oignon rouge
20 g de dés de papaye séchée
15 feuilles de menthe
10 g de citronnelle
2 citrons verts
20 cl d'huile de colza
sel
poivre

Laver et émincer le chou blanc et le céleri vert. Laver et couper en fines lamelles le poivron et l'oignon épluché.
Dans un saladier, mélanger le chou, le poivron, le céleri, l'oignon et les dés de papaye. Arroser de jus des citrons verts et d'huile de colza.
Mélanger à nouveau. Saler et poivrer avant de saupoudrer de citronnelle et de menthe ciselées.

Nouilles soba aux légumes

Ingrédients pour 4 personnes

200 g de nouilles soba (pâtes japonaises)
1 botte de radis
½ chou chinois
1 poivron rouge
120 g de tofu cuit
10 g de cacahouètes
8 cl d'huile de sésame
15 cl d'huile de colza
2 citrons verts
8 cl de sauce tamari
sel
poivre

Couper les radis lavés en quartiers et le poivron rouge en fines lamelles. Laver et émincer le chou chinois. Couper le tofu cuit en petits bâtonnets. Faire cuire les nouilles soba dans une grande casserole d'eau salée bouillante en mélangeant régulièrement. Stopper la cuisson en ajoutant de l'eau glacée. Égoutter les nouilles.
Mélanger le poivron, les radis, le chou et les nouilles. Ajouter les cacahouètes concassées. Verser l'huile de sésame, l'huile de colza, le jus des citrons verts et la sauce tamari. Saler et poivrer. Mélanger à nouveau avant de parsemer de tofu.

Quiche aux légumes printaniers

Ingrédients pour 4 personnes

1 pâte brisée toute prête
50 g de navets
100 g d'asperges vertes
100 g de carottes
100 g de haricots verts
50 g de petits pois
100 g de brocciu (fromage corse)
4 œufs
25 cl de lait
100 g d'emmenthal
3 pincées de noix de muscade râpée
sel
poivre

Disposer la pâte dans un moule à tarte. Placer le moule au réfrigérateur et préchauffer le four à 180 °C.
Laver et éplucher les navets, les carottes et les asperges. Équeuter les haricots verts et écosser les petits pois.
Enfourner la pâte 15 minutes pour la préchauffer.
Dans une grande casserole d'eau bouillante, blanchir environ 30 secondes les légumes. Les égoutter aussitôt.
Dans un saladier, mélanger les œufs, le brocciu et le lait.
Disposer tous les légumes dans le moule à tarte. Verser le mélange œufs-lait-brocciu, saler et poivrer. Saupoudrer de noix de muscade et d'emmenthal râpés.
Enfourner 30 minutes.

Quiche aux artichauts & épinards

Ingrédients pour 4 personnes

1 pâte brisée toute prête
150 g de fonds d'artichauts en conserve ou surgelés
100 g de pousses d'épinard
25 cl de lait
3 œufs
100 g de gruyère
5 cl d'huile d'olive
1 branche de sauge
3 pincées de noix de muscade râpée
sel
poivre

Disposer la pâte dans un moule à tarte. Placer le moule au réfrigérateur et préchauffer le four à 180 °C.
Laver et couper en gros morceaux les épinards.
Dans une grande poêle, faire revenir dans l'huile d'olive les fonds d'artichauts coupés en quartiers. Saler, poivrer et ajouter la sauge.
Enfourner la pâte 15 minutes pour la préchauffer.
Mélanger les fonds d'artichauts avant d'incorporer les épinards. Laisser cuire quelques minutes et égoutter.
Dans un saladier, mélanger les œufs, le lait, la noix de muscade râpée, saler et poivrer.
Disposer tous les légumes dans le moule à tarte. Verser le mélange œufs-lait. Saupoudrer de gruyère râpé et enfourner 35 minutes.

Tarte aux olives noires, courgettes & chèvre

Ingrédients pour 4 personnes

1 pâte brisée toute prête
1 courgette jaune
1 courgette verte
20 g d'olives noires dénoyautées
2 crottins de Chavignol
1 filet d'huile d'olive
sel
poivre

Disposer la pâte dans un moule à tarte. Placer le moule au réfrigérateur et préchauffer le four à 180 °C.
Laver et couper les courgettes en rondelles d'environ 5 mm d'épaisseur.
Enfourner la pâte 15 minutes pour la préchauffer.
Dans une poêle avec un filet d'huile d'olive, faire revenir rapidement les courgettes des deux côtés.
Placer les rondelles en alternant les couleurs sur le fond de pâte.
Disposer les olives émincées par-dessus les courgettes, puis les crottins de Chavignol coupés en tranches. Saler, poivrer et enfourner 35 minutes.

Quiche aux petits pois

Ingrédients pour 4 personnes

1 pâte filo toute prête
200 g de petits pois
2 courgettes
250 g de ricotta
150 g de bacon
25 cl de lait
3 œufs
10 cl d'huile d'olive
2 branches de menthe
3 pincées de noix de muscade râpée
sel
poivre

Disposer la pâte dans un moule à tarte. Placer le moule au réfrigérateur et préchauffer le four à 180 °C.
Dans une casserole d'eau bouillante, blanchir les petits pois écossés environ 30 secondes.
Couper les courgettes lavées en gros cubes. Dans une poêle, faire revenir quelques minutes les cubes de courgettes dans l'huile d'olive.
Enfourner la pâte 15 minutes pour la préchauffer.
Dans un saladier, mélanger la ricotta, les œufs et le lait. Saler, poivrer et ajouter la noix de muscade râpée. Incorporer la menthe ciselée et mélanger à nouveau.
Couper le bacon en carrés avant de le mélanger aux petits pois et aux courgettes.
Disposer les légumes et le bacon sur le fond de tarte. Verser le mélange ricotta-œufs-lait. Enfourner sur la grille du four 40 minutes.

été

LES LÉGUMES D'ÉTÉ

Le concombre

Un concombre de qualité doit être brillant, ferme et d'un vert éclatant. Vous pourrez le conserver dans le bac à légumes du réfrigérateur pendant environ 5 jours (au-delà, il perd de son croquant). Le concombre se consomme traditionnellement cru, coupé en rondelles, et assaisonné d'une sauce à la crème et à la ciboulette ou d'une vinaigrette au citron. Râpé et mélangé à de la crème, du yaourt, de l'ail et de la menthe fraîche, il fait un tzatziki rafraîchissant pour l'apéritif, et, mixé avec tomates et poivrons, il se transforme en un gaspacho vitaminé.

La courgette

Choisissez des courgettes bien fermes, avec une peau lisse et sans meurtrissure et préférez les petites courgettes, souvent plus savoureuses. Vous pourrez les conserver jusqu'à quatre jours dans le bac à légumes du réfrigérateur. Une fois rincées, elles pourront se préparer crues, en salade avec des pois chiches. Cuite, jaune ou verte, la courgette se prête à de multiples préparations. Délicieuse avec de l'épeautre et des tomates ou encore avec des pâtes, on l'aime aussi dans les quiches, ou en accompagnement de poisson et de viande blanche.

Les épinards

Au marché, vous reconnaîtrez la fraîcheur des épinards à leurs feuilles d'un beau vert foncé, lisses et charnues. Fragiles, ils doivent être consommés dans les deux jours suivant leur achat. Une fois rincés et équeutés, les épinards peuvent s'apprêter crus en salade. Ils sont tout aussi délicieux cuits en velouté ou même en quiche. Mais le mieux reste encore de les « faire tomber » à la poêle, dans un peu d'huile. Côté nutrition, les épinards ont tout bon. Très peu énergétiques, ils apportent une belle quantité de vitamines C, K et B9 (acide folique) et sont également riches en minéraux et oligo-éléments, dont le magnésium, le manganèse, le cuivre, le zinc et le fer (mais bien moins que la légende ne le prétend !).

La tomate

Star de l'été, la tomate est parfaite mûre à point, légèrement souple sous la pression du doigt, brillante et parfumée. Évitez absolument de la placer au réfrigérateur, au risque de la rendre cotonneuse, et conservez-la plutôt à température ambiante. Une fois lavée, elle se déguste simplement assaisonnée de fleur de sel, d'une pointe de basilic et d'un filet d'huile d'olive. On l'aime aussi dans les salades composées, en jus ou en gaspacho. Cuite, la tomate est incontournable dans les plats de pâtes ou la ratatouille. On pourra également la confire lentement au four pour en faire une délicieuse tarte tatin !

La pomme de terre

Qu'elles soient à chair ferme, fondantes ou farineuses, les pommes de terre doivent être bien fermes, sans trace de germination ou de verdissement. Vous pourrez les conserver dans un endroit frais et sec, toujours à l'abri de la lumière. Simplement cuites à la vapeur et assaisonnées d'un filet d'huile d'olive ou de noix, elles accompagnent à merveille un poisson ou une viande. Les pommes de terre sont irrésistibles en salade, poêlées, rôties au four, en gratin, en soupe… Incontournables !

courgettes
artichaut violet
aubergine
radicchio
melon
pomme de terre
épinards
fraise
pastèque
abricot
tomate
pêche
pamplemousse
concombre
tomates cerises
poivron

JUS FRAIS DE L'ÉTÉ

Smoothie pêches, abricots & fraises

Ingrédients pour 4 verres

2 pêches
2 abricots
6 grosses fraises
50 g de glaçons

Mixer les pêches épluchées et dénoyautées, les fraises lavées et équeutées, les abricots dénoyautés et les glaçons. Servir aussitôt.

Smoothie pastèque & menthe

Ingrédients pour 4 verres

1 pastèque
4 branches de menthe
2 sachets de thé vert
4 cuillères à café de sucre roux en poudre
400 g de glaçons

Laisser infuser les sachets de thé dans 4 verres d'eau froide pendant 15 minutes.
Mixer la pastèque découpée en gros cubes avec la menthe, le sucre, le thé infusé et les glaçons.
Servir aussitôt.

Jus de melon & pamplemousse

Ingrédients pour 4 verres

1 melon
1 pamplemousse
4 feuilles de menthe
50 g de glaçons

Mixer le melon épluché, épépiné et grossièrement coupé avec le jus du pamplemousse et les glaçons. Servir aussitôt décoré d'une feuille de menthe.

Gaspacho

Ingrédients pour 6 verres

8 tomates
1 poivron rouge
1 concombre
1 oignon rouge
20 cl d'huile d'olive
5 cl de vinaigre de vin rouge
sel
poivre

Laver, éplucher et couper en gros morceaux le poivron, le concombre, l'oignon et les tomates. Mixer les légumes avec l'huile d'olive et le vinaigre. Saler, poivrer et servir bien frais.

Mousse de betterave

Ingrédients pour 4 personnes

2 betteraves cuites
100 g de fromage blanc
1 cuillère à café de graines de cumin torréfiées
2 pincées de coriandre ou de persil
2 cuillères à soupe d'huile d'olive
1 cuillère à café de vinaigre
sel
poivre

Mixer les betteraves épluchées et coupées en gros dés avec le fromage blanc. Ajouter le cumin, le vinaigre et l'huile. Saler, poivrer, mélanger et placer au moins 2 heure au réfrigérateur avant de servir décoré de coriandre ou de persil. Accompagner, pour l'apéritif, de gressins, toasts ou bâtonnets de légumes.

Carpaccio de fenouil

Ingrédients pour 4 personnes

2 fenouils
1 orange
1 poivron rouge
3 branches de persil plat
20 cl d'huile d'olive
sel
poivre

Éplucher et réserver quelques quartiers de l'orange. Faire un jus avec le reste.
Mélanger le fenouil et le poivron coupés très finement. Saupoudrer de persil haché et arroser du mélange huile d'olive-jus d'orange.
Saler, poivrer et servir décoré de quartiers d'orange.

Salade chou-fleur, courgette & pois chiches

Ingrédients pour 4 personnes

150 g de pois chiches cuits (en conserve)
150 g de courgettes grillées
1 chou-fleur
100 g de roquette
1 citron confit
80 g de féta
2 branches d'origan
10 cl d'huile d'olive
sel
poivre

Dans une grande casserole d'eau salée bouillante, cuire les bouquets de chou-fleur pendant 15 minutes.
Mélanger le chou-fleur cuit avec les courgettes coupées en cubes et les pois chiches égouttés.
Arroser d'huile d'olive, puis ajouter le citron confit coupé en petits morceaux, saler et poivrer.
Incorporer la féta coupée en cubes et l'origan.
Servir accompagné de roquette.

Pastèque à la féta

Ingrédients pour 4 personnes

2 tranches de pastèque
100 g de féta
1 courgette
30 g de roquette
½ citron
20 cl d'huile de colza
sel
poivre

Mélanger la pastèque et la féta coupées en cubes avec la courgette lavée et émincée en fines lamelles et la roquette lavée.
Mélanger le jus du citron et l'huile de colza.
Saler, poivrer et arroser la salade du mélange jus de citron-huile de colza.

Rigatoni, courgettes & amandes

Ingrédients pour 4 personnes

150 g de rigatoni
2 petites courgettes
30 g d'amandes émondées
100 g de roquette
1 citron
4 branches de basilic
15 cl d'huile d'olive
sel
poivre

Zester le citron, puis le presser. Plonger les zestes 30 secondes dans une casserole d'eau bouillante.
Dans une poêle chaude antiadhésive, faire revenir les amandes quelques minutes. Attendre qu'elles refroidissent pour les concasser.
Laver et couper les courgettes en deux, dans le sens de la longueur, puis en dés. Faire cuire les dés de courgettes 10 minutes à feu moyen dans une grande poêle avec l'huile d'olive. Puis déglacer la poêle avec le jus de citron.
Dans une grande casserole d'eau bouillante salée, cuire les rigatoni à feu moyen. Égoutter les pâtes avant de les verser dans un plat.
Mélanger les dés de courgettes aux pâtes. Arroser du jus de citron et saupoudrer l'ensemble avec les zestes de citron blanchis et les amandes concassées.
Accompagner de roquette, saler, poivrer et servir aussitôt.

Quinoa & poivron

Ingrédients pour 4 personnes

200 g de quinoa
1 poivron rouge
160 g de guacamole tout fait
½ citron
1 oignon rouge
4 branches de coriandre
sel
poivre

Rincer le quinoa avant de le verser en pluie dans une grande casserole d'eau bouillante. Laisser cuire 18 minutes à feu moyen avant d'égoutter.
Laver et couper le poivron en fines lamelles.
Presser le citron afin d'en faire un jus.
Émincer l'oignon épluché et ciseler la coriandre.
Mélanger le quinoa, le poivron et l'oignon. Arroser de jus de citron.
Saler, poivrer et servir avec le guacamole.

Semoule, viande blanche & légumes

Ingrédients pour 4 personnes

250 g de semoule
2 blancs de volaille
½ concombre
150 g de jeunes pousses (betterave, épinard, etc.)
1 brocoli
40 g de tomates séchées
1 branche de céleri vert
20 g de roquette
40 g de raisins secs
4 pincées de grains de coriandre
4 pincées de grains de fenouil
4 pincées de grains de cumin
sel
poivre

Verser la semoule dans un saladier. L'arroser du même volume d'eau bouillante. Couvrir et laisser gonfler environ 10 minutes. À l'aide d'une fourchette, égrener la semoule afin qu'elle ne colle pas. Saler et mélanger.
Dans une poêle antiadhésive, cuire les blancs de volaille 5 minutes de chaque côté. Laisser refroidir la viande avant de la couper en morceaux.
Laver les légumes et les salades.
Plonger 30 secondes les bouquets de brocoli dans une casserole d'eau bouillante.
Couper le concombre en cubes et le céleri en fines lamelles.
Mélanger la viande blanche, la semoule, le concombre, le brocoli, le céleri, les raisins secs et les tomates séchées. Saler, poivrer et ajouter les grains de cumin, coriandre et fenouil. Mélanger à nouveau avant de servir accompagné des jeunes pousses et de roquette.

Salade blancs de volaille & légumes marinés

Ingrédients pour 4 personnes

200 g de blancs de volaille
150 g de houmous
½ courgette
½ concombre
2 tomates
150 g de jeunes pousses
¼ oignon rouge
1 citron
2 branches de persil
2 branches de coriandre
15 cl d'huile d'olive
sel
poivre

Préparer une marinade avec le jus du citron, l'huile d'olive, le persil et la coriandre hachés. Saler et poivrer.
Laver et couper en fines lamelles la courgette, le concombre, l'oignon et les tomates.
Disposer les légumes dans la marinade et laisser reposer le temps de terminer la recette.
Dans une poêle antiadhésive, faire revenir les blancs de volaille 5 minutes de chaque côté. Attendre que la viande refroidisse pour la couper en aiguillettes.
Mélanger les aiguillettes de blancs de volaille et les légumes marinés.
Servir accompagné des jeunes pousses lavées et du houmous.

Cabillaud & légumes

Ingrédients pour 4 personnes

400 g de cabillaud
1 fenouil
1 courgette
150 g de haricots blancs cuits (en conserve)
2 tomates
1 oignon
1 cube de bouillon de légumes
2 branches de basilic
15 cl d'huile d'olive
sel
poivre

Laver et couper en gros cubes le fenouil, la courgette, l'oignon et les tomates. Rincer les haricots blancs cuits.
Dans une grande poêle, faire chauffer l'huile d'olive puis verser un verre d'eau et faire fondre le cube de bouillon de légumes. Ajouter le fenouil et l'oignon et laisser cuire pendant 10 minutes, avant d'incorporer les courgettes. Laisser cuire 5 minutes et ajouter les cubes de tomates et le basilic ciselé. Mélanger, saler, poivrer, puis réchauffer les haricots blancs avec les autres légumes.
Faire enfin revenir le cabillaud avec les légumes pendant quelques minutes et servir aussitôt.

Salade de pommes de terre

Ingrédients pour 4 personnes

200 g de pommes de terre grenaille
300 g de haricots verts
4 œufs
1 échalote
2 branches d'estragon
2 branches de persil
25 cl de vinaigrette
sel
poivre

Placer les pommes de terre dans une grande casserole d'eau salée.
Porter à ébullition avant d'ajouter les haricots verts équeutés.
Laisser cuire 20 minutes. Stopper la cuisson en versant de l'eau glacée et égoutter.
Dans une petite casserole d'eau bouillante vinaigrée et salée, faire cuire les œufs 15 minutes à feu vif. Passer les œufs durs sous l'eau froide avant de les écaler.
Hacher l'échalote, le persil et l'estragon.
Mélanger les pommes de terre, les haricots verts, le persil, l'estragon et l'échalote.
Verser la vinaigrette, saler et poivrer.
Disposer les œufs durs coupés en quartiers et servir aussitôt.

Épeautre, courgette & tomates

Ingrédients pour 4 personnes

200 g d'épeautre
1 courgette
2 tomates
40 g d'olives vertes Lucques
2 branches de persil plat
1 filet d'huile d'olive
sel
poivre

Faire tremper les grains d'épeautre dans 2 fois leur volume d'eau.
Retirer les résidus remontés à la surface, puis rincer 2 fois.
Verser l'épeautre rincé et égoutté dans une casserole avec 2 fois son volume d'eau. Porter à ébullition à feux doux. Laisser cuire 35 minutes.
Stopper la cuisson, couvrir et laisser reposer 15 minutes.
Laver et couper la courgette en cubes. Dans une petite casserole, faire chauffer l'huile d'olive et cuire les cubes de courgettes environ 10 minutes à feu doux.
Laver, couper en quartiers et épépiner les tomates avant de les couper à nouveau en dés.
Hacher les olives et le persil.
Mélanger l'épeautre cuit avec les courgettes, les tomates crues, les olives et le persil. Saler, poivrer et servir.

Salade de linguini, légumes & anchois

Ingrédients pour 4 personnes

150 g de linguini
1 courgette
50 g d'anchois
100 g de tomates cerises
¼ radicchio (salade trévise)
50 g de pousses d'épinard
1 citron
20 cl d'huile d'olive
sel
poivre

Laver et couper la courgette en julienne.
Émincer le radicchio, laver les pousses d'épinard et couper les tomates cerises en deux. Presser le citron pour en faire un jus.
Dans une grande casserole d'eau salée bouillante, faire cuire les linguini.
Stopper la cuisson en ajoutant de l'eau froide et égoutter.
Mélanger les pâtes, la courgette, les tomates, les anchois, le radicchio et les pousses d'épinard. Assaisonner avec le jus de citron et l'huile d'olive.
Saler, poivrer et mélanger à nouveau avant de servir.

Penne aux artichauts

Ingrédients pour 4 personnes

140 g de penne
4 petits artichauts violets
2 branches de céleri vert
100 g de petits pois
1 oignon
50 g de tomates séchées
1 branche de sauge
50 g de parmesan
15 cl d'huile d'olive
sel
poivre

Laver, enlever les fils et émincer le céleri.
Blanchir les petits pois écossés en les plongeant 30 secondes dans une casserole d'eau bouillante.
Effeuiller rapidement les artichauts avant de les couper en fines tranches et de les faire revenir quelques minutes dans une grande poêle avec l'huile d'olive et l'oignon émincé. Ajouter la sauge, saler et poivrer.
Dans une grande casserole d'eau bouillante salée, cuire les penne.
Dans un grand saladier, mélanger les pâtes, les artichauts, les petits pois, le céleri et les tomates séchées.
Servir froid ou chaud avec des copeaux de parmesan.

Riz tandoori & papaye

Ingrédients pour 4 personnes

450 g de riz jasmin
30 g de papaye séchée
1 poivron jaune
1 citron
3 oignons blancs
5 pincées de poudre de tandoori
3 branches de coriandre
12 cl d'huile de colza
sel
poivre

Rincer le riz avant de le cuire dans une grande casserole d'eau bouillante. Porter à ébullition puis réduire le feu au minimum, couvrir et laisser cuire 15 minutes. Retirer le riz du feu et laisser reposer 15 minutes sans découvrir, puis égrener le riz avec une fourchette afin qu'il ne colle pas.
Laver et couper le poivron en fines lamelles.
Nettoyer et émincer les oignons. Presser le citron afin d'en faire un jus.
Dans une grande poêle, faire revenir le riz, la poudre de tandoori, l'huile de colza et le jus de citron.
Ajouter la papaye, le poivron et les oignons. Saler, poivrer et bien mélanger à nouveau. Saupoudrer de coriandre.
Servir éventuellement accompagné d'une viande grillée.

Quiche aux épinards & blettes

Ingrédients pour 4 personnes

1 pâte filo toute prête
200 g d'épinards
100 g de blettes
3 œufs
1 gousse d'ail
30 cl de crème fraîche liquide
15 g de pignons de pin
3 pincées de noix de muscade râpée
sel
poivre

Disposer la pâte dans un moule à tarte. Placer le moule au réfrigérateur et préchauffer le four à 180 °C.
Laver et hacher les épinards. Émincer finement les blettes.
Dans une grande poêle, faire chauffer l'huile puis cuire les épinards, les blettes et l'ail haché pendant 5 minutes à feu vif. Saler et poivrer.
Égoutter dans un tamis.
Dans un saladier, mélanger la crème fraîche, les œufs et la noix de muscade râpée.
Ajouter les épinards et les blettes.
Verser dans le moule à tarte et saupoudrer de pignons de pin.
Enfourner 25 minutes.

Tarte aux aubergines & fromages

Ingrédients pour 4 personnes

1 pâte sablée toute prête
2 petites aubergines
40 g de pecorino (fromage italien au lait de brebis)
40 g de chèvre frais
2 oignons
4 branches de basilic
1 branche de romarin
25 cl d'huile d'olive
sel
poivre

Disposer la pâte dans un moule à tarte. Placer le moule au réfrigérateur et préchauffer le four à 130 °C.
Laver et couper les aubergines en rondelles. Les disposer sur la plaque du four. Saler, poivrer et les badigeonner d'huile d'olive. Enfourner 35 minutes.
Éplucher et émincer les oignons avant de les faire cuire dans une grande poêle avec le romarin et un filet d'huile d'olive pendant 15 minutes.
Laisser les oignons refroidir avant d'ajouter le chèvre émietté et le basilic ciselé. Saler et poivrer.
Verser le mélange oignons-chèvre sur le fond de tarte. Disposer dessus les aubergines et surmonter de tranches de pecorino. Enfourner 35 min à 180°C.

Quiche roquette & épinards

Ingrédients pour 4 personnes

1 pâte sablée toute prête
50 g de roquette
50 g d'épinards
100 g de ricotta
3 œufs
25 cl de lait
2 pincées de noix de muscade râpée
sel
poivre

Disposer la pâte dans un moule à tarte. Placer le moule au réfrigérateur et préchauffer le four à 180 °C.
Laver et hacher la roquette et les épinards. Mélanger la roquette, les épinards et la ricotta.
Enfourner la pâte 15 minutes pour la préchauffer.
Dans un bol, mélanger les œufs, le lait et la noix de muscade râpée.
Saler et poivrer.
Disposer le mélange roquette-épinards-ricotta sur le fond de tarte, puis verser la préparation aux œufs et enfourner 35 minutes.

Tatin de tomates confites

Ingrédients pour 4 personnes

1 pâte feuilletée toute prête
600 g de petites tomates
50 g de roquette
20 g de parmesan
10 g d'amandes
1 gousse d'ail
10 g de pesto vert
5 cl d'huile d'olive

Préchauffer le four à 180 °C.
Laver et couper les tomates en rondelles assez épaisses.
Badigeonner un plat à gratin d'huile d'olive et disposer l'ail haché puis les rondelles de tomates. Enfourner 15 min.
Pendant ce temps, faire dorer les amandes quelques minutes dans une poêle antiadhésive. Les laisser refroidir avant de les concasser.
Sortir les tomates du four et ajouter le pesto et les amandes.
Disposer la pâte feuilletée sur les tomates en repliant bien les bords.
Enfourner 35 minutes.
Sortir le plat du four et retourner son contenu dans un autre plat de même taille.
Ajouter la roquette et des copeaux de parmesan avant de servir.

automne

LES LÉGUMES D'AUTOMNE

Le champignon

Un champignon de qualité se reconnaît à sa couleur uniforme, sa fermeté et son chapeau bien fermé autour du pied. Légume délicat, il doit être consommé rapidement après achat, et se garde au mieux trois jours au réfrigérateur, de préférence dans une boîte hermétique. Tendre et goûteux, le champignon se plaît à toutes les sauces ! Cru, on l'aime farci avec du fromage frais et de la ciboulette, ou détaillé en lamelles et intégré à une salade. Cuit, le champignon est parfait en velouté crémeux. Pensez également à en faire des tartelettes, avec des noisettes : c'est un régal.

L'endive

Choisissez les endives bien fermes et ventrues, avec de belles feuilles blanches légèrement ourlées de jaune. Vous les conserverez au frais et à l'abri de la lumière pendant une semaine sans problème. Crue ou cuite, l'endive se plaît en salade, où son croquant fait merveille. Elle aime les vinaigrettes relevées et les herbes (persil, cerfeuil, ciboulette) qui viendront rehausser sa saveur. Mais l'endive s'apprécie également cuite, et pas seulement à la béchamel ! Essayez-la braisée dans un peu de beurre et d'huile, et enrichie de thym et de lanières de jambon ou mieux, en velouté. Original et surprenant à la fois.

Le fenouil

Choisissez un fenouil ferme, de couleur blanc crème, sans tache ni meurtrissure, avec un plumet d'un vert éclatant. Vous le conserverez environ une semaine dans le bac à légumes du réfrigérateur. Une fois la base et le haut des tiges éliminés (que vous pourrez garder pour parfumer un bouillon ou une soupe), le fenouil pourra être émincé finement et présenté en salade, ou encore mixé pour un savoureux jus détox. Cuit, il se plaît en soupe, en purée, mais aussi en tarte tatin !

Le poireau

Présent toute l'année sur les étals, le poireau reste toutefois l'un des légumes phares de l'automne et de l'hiver. Choisissez-le bien ferme et lisse, avec des feuilles d'un beau vert luisant, et surtout pas jaunies ni desséchées ! Vous le conserverez sans problème plusieurs jours dans le bac à légumes du réfrigérateur. Une fois la base et le haut des feuilles vertes éliminés, le poireau sera soigneusement rincé sous l'eau fraîche pour le débarrasser du sable ou de la terre qu'il pourrait contenir. Ensuite, libre à vous de le cuisiner à l'eau bouillante ou à la vapeur pour le servir tiède, en vinaigrette, ou en gratin. Incontournable dans les soupes, le poireau se marie très bien avec la patate douce pour une délicieuse tarte.

Le potiron

Issu de la grande famille des Cucurbitacées, le potiron colore les étals de nos marchés dès l'automne arrivé. Si on le trouve parfois entier, c'est le plus souvent sous forme de tranches plus ou moins épaisses qu'il est commercialisé. Vérifiez que sa couleur est éclatante et que sa chair est bien ferme et exempte de meurtrissures. Vous pourrez le conserver quelques jours au réfrigérateur, protégé par un film alimentaire. Une fois pelé, le potiron se plaît aussi bien cuit que cru : essayez-le en soupe, poêlé, en gratin, en purée ou même en salade. Riche en vitamines, il aime la compagnie des épices.

marron

banane

champignons

oignon

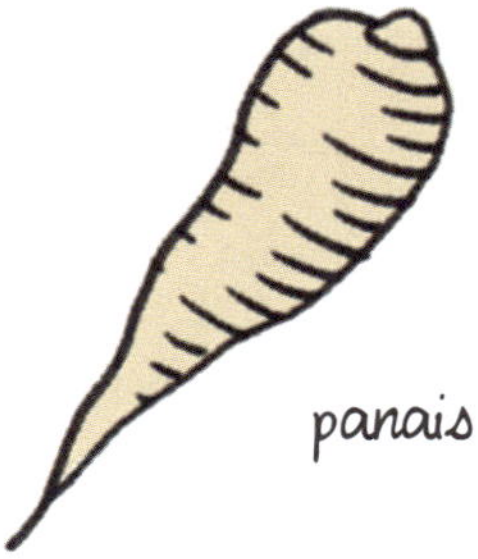

panais

pomme

fenouil

poireau

potiron

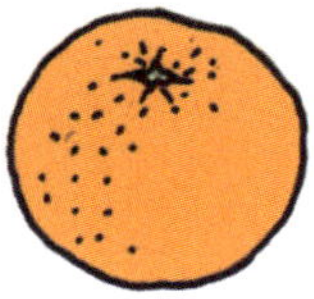

orange

topinambours

endive

raisin

poire

JUS ET SOUPES D'AUTOMNE

Jus de fruits & légumes

Ingrédients pour 4 verres

1 betterave cuite
2 carottes
2 poires
1 grenade
1 citron vert

Nettoyer et couper la grenade.
Réserver la moitié des grains pour la décoration.
Éplucher, enlever la queue et le trognon et couper les poires en morceaux.
Centrifuger les carottes et la betterave épluchées et coupées en morceaux avec les poires, les grains de grenade et le jus du citron. Servir aussitôt dans des verres et répartir les grains de grenade réservés.

Smoothie banane & orange

Ingrédients pour 4 verres

4 bananes
4 oranges
2 sachets de thé vert
4 cuillères à café de sucre roux en poudre
50 g de glaçons

Laisser infuser les sachets de thé dans 4 verres d'eau froide pendant 15 minutes.
Mixer les bananes et les oranges épluchées et coupées en morceaux avec le sucre, le thé infusé et les glaçons. Servir aussitôt.

Jus d'automne

Ingrédients pour 4 verres

400 g de raisins (blanc et/ou noir)
1 pomme
30 g de gingembre

Centrifuger la pomme et le raisin lavés avec le gingembre. Servir aussitôt.

Soupe champignons & marrons

Ingrédients pour 6 personnes

500 g de champignons de Paris
100 g de marrons cuits (frais ou en conserve)
1 poireau
2 branches de céleri vert
2 oignons
1 cube de bouillon de légumes
10 cl d'huile d'olive
sel et poivre

Dans un grand faitout, faire revenir le céleri et le poireau lavés et coupés en dés, et les oignons émincés dans l'huile d'olive pendant 10 minutes. Ajouter les champignons lavés et émincés. Verser 1,5 litre d'eau, ajouter le bouillon et les marrons. Saler, poivrer et laisser cuire 20 minutes avant de mixer. Servir bien chaud.

Compote poires & panais

Ingrédients pour 8 verrines

2 grosses poires bien mûres
100 g de panais
1 cuillère à soupe de jus de citron
1 cuillère à café de miel

Faire cuire le panais 10 minutes à la vapeur.
Éplucher et enlever la queue et le trognon des poires.
Mixer le panais cuit avec les poires, le jus de citron et le miel.
Répartir dans des verrines et placer au frais pendant 30 minutes au moins avant de servir.

Salade rouge

Ingrédients pour 4 personnes

½ chou rouge
2 betteraves cuites
¼ botte de ciboulette
15 g de graines de sésame
10 cl de vinaigre balsamique
10 cl de vinaigre de vin rouge
15 cl d'huile de colza
sel
poivre

Laisser mariner au frais pendant 30 minutes le chou rouge râpé en fines lamelles dans les vinaigres, l'huile de colza, du sel et du poivre.
Ajouter les betteraves cuites coupées en cubes, saupoudrer de graines de sésame et replacer au frais pendant encore 30 minutes avant de servir.

Salade de carottes & betteraves

Ingrédients pour 4 personnes

2 betteraves rouges cuites
3 carottes
1 orange
1 branche de persil plat
1 cuillère à café de graines de sésame
20 cl d'huile de colza
sel
poivre

Laisser mariner au frais pendant 30 minutes les betteraves coupées en julienne et les carottes épluchées et coupées en fines rondelles dans le jus de l'orange, l'huile de colza, les graines de sésame, le persil haché, du sel et du poivre. Servir bien frais.

Salade multicolore

Ingrédients pour 4 personnes

80 g de carottes
50 g de carottes jaunes
50 g de carottes mauves
120 g de chou blanc
150 g de céleri-rave
150 g de potiron
20 g d'oignons blancs
2 branches d'estragon
25 cl de vinaigre de riz
40 cl d'huile de colza
sel
poivre

Laver et couper en julienne le chou blanc, le céleri-rave et le potiron.
Éplucher et couper les carottes en tagliatelles.
Mélanger les carottes, les oignons émincés, le chou blanc, le céleri-rave et le potiron.
Arroser de vinaigre de riz et d'huile de colza. Saler, poivrer et laisser mariner à température ambiante pendant une heure avant de servir saupoudré d'estragon.

Boulgour & potiron

Ingrédients pour 4 personnes

¼ potiron
3 carottes
120 g de boulgour
30 g de raisins secs
3 branches de menthe
3 branches de coriandre
5 brins de ciboulette
4 pincées de garam masala
60 cl d'huile d'olive
sel
poivre

Verser le boulgour dans un saladier avec une cuillère à soupe d'huile d'olive. L'arroser de deux fois son volume d'eau bouillante. Couvrir et laisser gonfler environ 10 minutes. À l'aide d'une fourchette, égrener le boulgour afin qu'il ne colle pas. Saler et mélanger.
Laver et couper le potiron en cubes d'environ 1,5 cm de côté.
Laver, éplucher et couper les carottes en julienne.
Dans une grande poêle, faire chauffer l'huile d'olive. Ajouter les cubes de potiron et les carottes, les faire revenir 15 minutes à feu doux. Incorporer les raisins secs et le garam masala et poursuivre la cuisson 2 minutes.
Dans un grand saladier, mélanger le boulgour, les carottes, le potiron, les raisins, la menthe, la coriandre et la ciboulette ciselées. Saler et poivrer.

Salade carottes, betteraves & sésame

Ingrédients pour 4 personnes

6 carottes
3 betteraves
160 g de haricots verts
20 g de cacahouètes concassées
120 g de tofu
12 g de graines de sésame
160 g de jeunes pousses
25 cl d'huile de sésame
sel
poivre

Dans une grande casserole d'eau salée bouillante, faire cuire les haricots verts pendant 5 minutes. Stopper la cuisson en versant de l'eau froide et égoutter.
Couper le tofu en tranches et, avec du papier absorbant, éponger le tofu afin de le rendre moins friable.
Dans une poêle, faire revenir le tofu quelques minutes de chaque côté.
Griller les graines de sésame dans une autre poêle.
Laver, éplucher et couper les carottes en bâtonnets. Râper les betteraves et laver la salade de jeunes pousses.
Dans un grand saladier, mélanger les haricots verts, les carottes, les betteraves, les graines de sésame, les cacahouètes et arroser d'huile de sésame.
Servir accompagné du tofu grillé et de la salade de jeunes pousses.

Gratin de légumes à la purée de potiron

Ingrédients pour 4 personnes

¼ potiron
200 g de pommes de terre
175 g de lentilles vertes
100 g de chou vert
2 navets
1 carotte
¼ céleri-rave
1 oignon jaune
30 g de beurre
30 g de chapelure
sel
poivre

Préparer la purée de potiron en épluchant et coupant en gros cubes les pommes de terre et 175 g de potiron. Dans une grande casserole d'eau bouillante salée, faire cuire environ 30 minutes à feu moyen les pommes de terre, le potiron et l'oignon émincé.
Mixer le tout afin d'obtenir une purée bien lisse.
Rincer les lentilles avant de les placer dans une casserole avec 3 fois leur volume d'eau froide. Portez à ébullition puis réduire le feu au minimum et couvrir. Laisser cuire 20 minutes et égoutter.
Préchauffer le four à 180 °C.
Laver, éplucher et couper en petits dés la carotte, les navets, le reste du potiron et le céleri. Émincer le chou vert.
Dans une grande poêle, cuire le chou avec le beurre à feu moyen pendant 10 minutes. Ajouter ensuite les carottes, les navets, le céleri et le potiron. Verser 25 cl d'eau. Saler, poivrer et laisser cuire à couvert pendant 10 minutes. Découvrir et poursuivre la cuisson 5 minutes. Il ne doit pas rester d'eau dans la poêle.
Mélanger les lentilles et les légumes avant de les disposer dans un plat à gratin légèrement beurré. Surmonter de la purée de potiron et saupoudrer de chapelure. Enfourner 20 minutes.

Blancs de volaille & riz jasmin aux légumes

Ingrédients pour 4 personnes

400 g de blancs de volaille
450 g de riz jasmin
4 carottes
130 g de chou blanc
100 g de chicorée pain de sucre
10 g de graines de sésame
3 branches de coriandre
10 cl de sauce tamari
15 cl d'huile de sésame
20 g de beurre
sel
poivre

Rincer le riz avant de le placer dans une grande casserole d'eau froide. Porter à ébullition puis réduire le feu au minimum, couvrir et laisser cuire 15 minutes. Retirer le riz du feu et laisser reposer 15 minutes sans découvrir, puis égrener le riz avec une fourchette afin qu'il ne colle pas.
Dans une grande poêle, cuire les blancs de volaille avec le beurre à feu doux environ 10 minutes de chaque côté. Laisser refroidir.
Laver, éplucher et râper les carottes.
Laver et émincer le chou blanc.
Laver et couper en gros morceaux la chicorée pain de sucre.
Dans un saladier, mélanger le riz avec les carottes, le chou et les graines de sésame. Verser la sauce tamari et l'huile de sésame. Saler, poivrer et mélanger à nouveau avant d'incorporer les blancs de volaille coupés en aiguillettes. Servir accompagné de la salade et de la coriandre ciselée.

Velouté d'endives

Ingrédients pour 4 personnes

4 endives
2 navets
¼ céleri-rave
2 pommes de terre
60 g de lentilles corail
50 g d'oignon jaune
1 cube de bouillon de légumes
20 g de beurre
1 branche de thym
1 feuille de laurier
3 branches de cerfeuil

Dans un faitout, colorer l'oignon émincé dans 10 g de beurre. Ajouter les endives, un navet, le céleri et les pommes de terre épluchés et coupés en gros morceaux. Couvrir et laisser cuire 5 minutes à feu moyen.
Verser 2 litres d'eau. Saler, poivrer, ajouter le thym et le laurier, puis porter à ébullition avant de réduire à feu moyen et de laisser cuire 30 minutes.
Mixer le tout afin d'obtenir une soupe.
Rincer rapidement les lentilles à l'eau froide. Les mettre dans une casserole avec trois fois leur volume d'eau froide légèrement salée. Porter à ébullition et laisser cuire à couvert 15 à 20 minutes.
Poêler le deuxième navet émincé avec le reste du beurre.
Mélanger les lentilles et le navet poêlé. Verser la soupe sur les lentilles et les navets. Saupoudrer de cerfeuil haché avant de servir bien chaud.

Carottes à la marocaine

Ingrédients pour 4 personnes

6 carottes
3 oranges
20 g d'olives vertes
60 g de fonds d'artichauts en conserve
4 gousses d'ail
15 g de miel
120 g d'houmous
8 pincées de cumin
8 pincées de graines de fenouil
30 cl d'huile d'olive
10 branches de coriandre
sel
poivre

Laver, éplucher et couper les carottes en grosses rondelles.
Prélever le zeste d'une demie orange et le couper finement.
Presser les oranges pour en faire un jus.
Dans une grande casserole, faire cuire les carottes avec l'huile d'olive, le jus des oranges, le miel, le cumin, l'ail haché et les graines de fenouil. Saler, poivrer et laisser cuire à feu doux pendant 30 minutes à découvert.
Ajouter les fonds d'artichauts coupés en quartiers et la coriandre ciselée.
Poursuivre la cuisson quelques minutes.
Décorer avec les olives coupées en deux et servir accompagné d'houmous.

Carpaccio de chou

Ingrédients pour 4 personnes

½ chou blanc
60 g de copeaux de coco
3 pommes (variété Jonagold)
1 citron vert
5 branches de coriandre
20 cl d'huile de colza
sel
poivre

Effeuiller et enlever les nervures du chou. L'émincer le plus finement possible.
Laver les pommes avant de retirer les trognons et de les couper en dés.
Presser le citron vert afin d'en faire un jus.
Mélanger le chou, les pommes coupées en dés, les copeaux de coco et la coriandre ciselée.
Arroser de jus de citron et d'huile de colza. Saler, poivrer et mélanger à nouveau avant de servir.

Salade d'aubergines

Ingrédients pour 4 personnes

4 mini-aubergines longues
3 tomates
25 g de roquette
120 g de grains de sarrasin
25 cl de miel
50 cl de sauce tamari
5 pincées de graines de sésame
1 branche de basilic
sel
poivre

Laver et couper les aubergines en deux (pour les petites), en quatre (pour les plus grosses). Préchauffer le four à 140 °C.
Mélanger la sauce tamari et le miel. Placer les aubergines dans un plat à gratin. Les arroser du mélange miel-sauce tamari. Poivrer et enfourner 20 minutes.
Saupoudrer de graines de sésame et enfourner à nouveau à 180 °C pendant 5 minutes. Les aubergines doivent être laquées.
Faire chauffer les grains de sarrasin à sec dans une casserole. Dès qu'ils commencent à dorer, ajouter 2 fois ½ leur volume d'eau bouillante. Laisser cuire à feu doux 15 minutes et saler en fin de cuisson.
Mélanger les aubergines, les grains de sarrasin, les tomates lavées et coupées en rondelles et le basilic ciselé. Servir accompagné de roquette lavée.

Salade de potiron

Ingrédients pour 4 personnes

200 g de semoule
½ potiron
3 carottes
1 poivron jaune
½ citron
40 g d'amandes
2 cuillères à café de ras el hanout
¼ botte de coriandre
1 filet d'huile d'olive
sel
poivre

Placer la semoule dans un grand saladier, l'arroser d'un filet d'huile d'olive et bien mélanger afin de répartir l'huile sur toute la semoule. Saler. Verser le même volume d'eau bouillante sur la semoule. Couvrir immédiatement et laisser gonfler 10 minutes. À l'aide d'une fourchette, égrener la semoule afin qu'elle ne colle pas.
Préchauffer le four à 180 °C.
Laver, éplucher et couper en petits cubes les carottes et le potiron.
Dans une grande casserole d'eau bouillante salée, faire cuire les carottes et le potiron pendant 15 minutes.
Laver et couper le poivron en lamelles.
Disposer les amandes sur la plaque du four et enfourner quelques minutes afin de les rôtir.
Hacher la coriandre et presser le citron.
Mélanger la semoule, les carottes, le potiron, le poivron, les amandes, la coriandre et le ras el hanout. Arroser de jus de citron, saler et poivrer.

Quiche au potiron

Ingrédients pour 4 personnes

1 pâte brisée toute prête
1 potiron moyen
1 oignon
3 œufs
15 g de graines de courge
10 cl de crème fraîche liquide
5 pincées de garam masala
15 cl de lait
20 cl d'huile d'olive
sel
poivre

Disposer la pâte dans un moule à tarte. Placer le moule au réfrigérateur et préchauffer le four à 190 °C.
Couper 200 g du potiron lavé en dés, le reste en gros morceaux.
Dans une grande poêle, faire revenir les dés de potiron et l'oignon épluché et émincé dans l'huile d'olive pendant 10 minutes à feu moyen. Saler et poivrer.
Réserver puis, dans la même poêle, cuire les gros morceaux de potiron avec un fond d'eau et le garam masala une vingtaine de minutes. Mixer afin d'obtenir une purée bien lisse.
Enfourner la pâte 15 minutes pour la préchauffer.
Dans un saladier, mélanger les œufs, le lait et la crème fraîche. Ajouter la purée de potiron, puis les dés de potiron et l'oignon. Mélanger et verser sur le fond de tarte. Saupoudrer de graines de courge avant d'enfourner 30 à 35 minutes (la quiche doit être bien ferme).

Tartelettes champignons & noisettes

Ingrédients pour 4 personnes

1 pâte brisée toute prête
600 g de champignons (mélange de trompettes de la mort, chanterelles, cèpes, champignons de Paris, etc.)
250 g de céleri-rave
20 g de noisettes concassées
2 échalotes
4 œufs
35 cl de lait
15 cl de crème fraîche liquide
5 branches de persil plat
sel
poivre

Disposer la pâte dans quatre petits moules à tartelettes. Placer les moules au réfrigérateur et préchauffer le four à 180 °C.
Dans une casserole, cuire le céleri lavé et coupé en petits morceaux dans le lait pendant 20 minutes. Mixer avant d'ajouter la crème et les œufs. Saler et poivrer.
Enfourner la pâte 15 minutes pour la préchauffer.
Laver, égoutter et passer les champignons sur du papier absorbant.
Dans une poêle bien chaude, faire revenir les champignons à feu moyen. Quand il n'y a plus d'eau de cuisson dans la poêle, baisser le feu et ajouter les échalotes épluchées et émincées. Saupoudrer de persil ciselé.
Verser la préparation au céleri sur les fonds de tartelettes, ajouter les champignons, saupoudrer de noisettes concassées. Enfourner 25 minutes.

Tatin de fenouil

Ingrédients pour 4 personnes

1 pâte feuilletée toute prête
1 fenouil
1 bûche de chèvre
2 oignons
2 branches de romarin
20 g de beurre
20 cl d'huile d'olive
sel
poivre

Préchauffer le four à 180 °C.
Laver et couper le fenouil en gros cubes.
Dans une casserole, faire cuire le fenouil avec l'huile d'olive, les oignons émincés et le romarin. Saler, poivrer et laisser confire 30 minutes à feu doux.
Dans un moule à bord haut beurré, verser la compotée de fenouil, puis disposer le chèvre coupé en rondelles.
Étaler la pâte feuilletée sur la préparation en repliant bien les bords.
Enfourner 40 minutes.
Sortir le plat du four et retourner son contenu dans un autre plat de même taille.
Servir aussitôt.

Struddle salé

Ingrédients pour 4 personnes

1 pâte brisée toute prête
4 carottes
4 navets
2 topinambours
1 panais
100 g de chou kale
2 échalotes
120 g de ricotta
1 jaune d'œuf
25 g de beurre
10 pincées de graines de pavot
sel
poivre

Disposer la pâte avec le papier de cuisson sur la plaque du four puis placer au réfrigérateur. Préchauffer le four à 180 °C.
Laver, éplucher et couper en cubes les navets, les carottes, le panais et les topinambours.
Dans une grande poêle, faire fondre le beurre puis faire revenir les échalotes émincées et le chou kale. Ajouter les carottes, les navets, puis le panais et les topinambours. Laisser cuire à feu doux 15 minutes supplémentaires afin d'obtenir une compotée.
Laisser refroidir et ajouter la ricotta. Saler, poivrer et mélanger.
Disposer la préparation sur la pâte brisée. Rouler l'ensemble.
Badigeonner avec le jaune d'œuf, saupoudrer de graines de pavot et enfourner 30 minutes.

hiver

LES LÉGUMES D'HIVER

La betterave

Ce légume-racine se caractérise par sa forme ronde ou allongée et sa chair pourpre et légèrement sucrée. Le plus souvent, on trouve la betterave déjà cuite, en vrac ou sous vide, et pasteurisée. Assurez-vous que sa peau est lisse, non desséchée, et sans tache noire. Mais la betterave se vend également crue, et se décline sous différentes variétés, sa couleur allant du jaune au violet, en passant par le rose marbré. Vous pourrez la conserver quelques jours au réfrigérateur. Crue, elle est excellente râpée. Cuite, on l'aime en salade avec des carottes, du chèvre… Simple et savoureux !

La blette

Plante potagère cultivée à la fois pour ses feuilles et ses côtes de couleur crème, la blette se vend généralement en bottes. Choisissez-la avec des feuilles bien vertes, fermes et charnues. Vous pourrez la garder quelques jours dans le bac à légumes du réfrigérateur. Les côtes, une fois coupées en tronçons, peuvent être cuites à l'eau puis cuisinées en gratin ou mélangées à des pâtes. Les feuilles se préparent comme les épinards, mais elles fondent moins à la cuisson. Vous pourrez les faire braiser avec ail, oignons et thym… ou composer une fameuse quiche, avec des épinards et des pignons de pin : un vrai délice !

Le céleri

Lourd et bien ferme, voilà les caractéristiques d'un bon céleri-rave. Une fois acheté, vous pourrez le conserver plusieurs jours dans le bac à légumes du réfrigérateur. Sa peau coriace le rend quelque peu difficile à éplucher. Utilisez de préférence un grand couteau plutôt qu'un épluche-légumes qui risque de vous blesser. Cru, le céleri-rave se mange râpé, seul ou mélangé à d'autres crudités. Pour changer, vous pouvez l'accommoder d'une sauce à base de fromage blanc et fines herbes. Cuit, le céleri-rave se plaît en velouté ou en purée. Mais on pourra également le faire braiser avec des carottes ou le préparer en gratin.

Le chou

Chou vert ou rouge, chou-fleur, brocoli ou choux de Bruxelles, ces légumes de la famille des Crucifères nous accompagnent tout l'hiver. Choisissez-les bien fermes, sans tache ni feuille flétrie ou jaunie et conservez-les dans le bac à légumes du réfrigérateur. Crus, les choux blancs et rouges seront émincés puis servis en salade, voire en carpaccio. Cuits à l'eau bouillante ou à la vapeur, les choux sont parfaits dans les gratins et dans les soupes.

La mâche

Pour être sûr de ne pas vous tromper, choisissez la mâche avec des petits bouquets de feuilles d'un beau vert éclatant, surtout pas jaunies ni desséchées (signe de manque de fraîcheur). Attention, c'est une salade assez fragile : consommez-la le plus rapidement possible après achat. Une fois rincée soigneusement et essorée, la mâche se plaît telle quelle, avec un filet d'huile de noisette ou mêlée à du panais et du bleu d'Auvergne. Elle aime également la compagnie des fruits secs et les associations sucrées/salées : n'hésitez pas à parsemer quelques noix, noisettes ou pignons de pin dans vos salades composées ou à les enrichir de quartiers de pomme ou de poire.

carottes
chou blanc
ananas
blettes
oignon rouge
chou rouge
chou-rave
chou kale
chou vert
édamame
mâche
betterave
celeri-rave

JUS ET SOUPE D'HIVER

Smoothie ananas & coco

Ingrédients pour 4 verres

1 ananas
200 g de lait de coco (1 brique)
4 sachets de thé vert
4 cuillères à café de sucre roux en poudre
4 branches de menthe
400 g de glaçons

Laisser infuser les sachets de thé dans 4 verres d'eau froide pendant 15 minutes.
Mixer l'ananas épluché et coupé en petits morceaux avec le sucre, le lait de coco, le thé infusé, les branches de menthe et les glaçons.
Servir aussitôt.

Smoothie de fruits & légumes

Ingrédients pour 4 verres

1 orange
1 pomme
1 panais
1 citron jaune
2 branches de chou kale
100 g de glaçons

Laver et retirer les tiges du chou kale.
Éplucher et couper en dés la pomme et le panais.
Mixer le chou kale, la pomme et le panais avec le jus de l'orange et du citron et les glaçons.
Servir aussitôt.

Jus de chou rouge

Ingrédients pour 4 verres

½ chou rouge
4 carottes
2 oranges

Centrifuger le chou et les carottes coupés en morceaux avant de les mélanger au jus des oranges. Servir aussitôt.

Soupe de navet

Ingrédients pour 4 personnes

500 g de navets
100 g de pommes de terre
50 g d'oignons
1 cube de bouillon
20 g de beurre
1 branche de thym
1 feuille de laurier
sel
poivre

Dans un faitout, faire suer les oignons émincés avant d'ajouter les navets et les pommes de terre épluchés et coupés en dés. Laisser cuire 5 minutes. Verser 1 litre d'eau et ajouter le cube de bouillon, le thym et le laurier. Saler, poivrer et laisser cuire 30 minutes. Mixer et servir bien chaud.

Salade panais & bleu d'Auvergne

Ingrédients pour 4 personnes

3 panais
3 branches de céleri vert
100 g de bleu d'Auvergne
100 g de mâche
20 g de noisettes
40 g de moutarde
3 branches de persil
25 cl d'huile de colza
sel
poivre

Préparer la sauce en mélangeant la moutarde et l'huile de colza.
Dans un saladier, mélanger le panais et le céleri épluchés et finement coupés. Saler, poivrer et verser la sauce. Ajouter le bleu d'Auvergne coupé en dés et la mâche rincée. Saupoudrer de noisettes et de persil haché. Servir aussitôt.

Légumes marinés à l'estragon

Ingrédients pour 4 personnes

2 branches de céleri vert
2 carottes
1 chou-rave
¼ potiron
10 cl de vinaigre de riz ou de vinaigre de vin blanc
20 cl d'huile de colza
5 branches d'estragon
sel
poivre

Mélanger le céleri épluché et coupé en fines lamelles avec les carottes, le chou et le potiron épluchés et râpés.
Préparer la vinaigrette avec l'huile, le vinaigre et l'estragon haché.
Verser la vinaigrette sur les légumes, saler, poivrer et laisser mariner une nuit au réfrigérateur.

Chou, céleri & épeautre

Ingrédients pour 4 personnes

¼ céleri-rave
1 chou-rave (de couleur si possible)
200 g d'épeautre
40 g d'airelles séchées
40 g de noix de cajou
4 branches de persil plat
15 cl de vinaigrette
sel
poivre

Faire tremper les grains d'épeautre dans 2 fois leur volume d'eau. Retirer les résidus remontés à la surface, puis rincer 2 fois.
Verser l'épeautre rincé et égoutté dans une casserole avec 2 fois son volume d'eau. Porter à ébullition à feux doux. Laisser cuire 35 minutes.
Stopper la cuisson, couvrir et laisser reposer 15 minutes.
Râper finement le céleri-rave et le chou-rave lavés et épluchés. Verser la vinaigrette.
Ajouter l'épeautre, les airelles, les noix de cajou et le persil haché. Mélanger et rectifier l'assaisonnement si nécessaire avant de servir.

Chou & légumes au curry

Ingrédients pour 4 personnes

¼ chou blanc
4 carottes
100 g de haricots verts
1 pomme
4 oignons blancs
1 citron vert
10 g de curry madras en poudre
10 cl d'huile de sésame
15 cl d'huile de colza
sel
poivre

Préparer la sauce en mélangeant les huiles, le curry et le jus du citron vert.
Mélanger les haricots verts, les oignons et le chou émincés avec la pomme coupée en dés et les carottes épluchées et râpées. Verser la sauce, saler, poivrer et mélanger à nouveau avant de servir.

Ratatouille de carottes

Ingrédients pour 4 personnes

4 carottes
2 panais
1 petite boîte de pois chiches
40 g de raisins secs
1 gousse d'ail
2 branches de persil
2 branches de menthe
200 g de quinoa
10 cl d'huile d'olive
sel
poivre

Laver, éplucher et couper en gros morceaux les carottes et les panais.
Faire cuire les légumes dans une casserole à feu doux avec l'huile d'olive et l'ail haché. Saler, poivrer et couvrir. Laisser cuire environ 20 minutes, il doit encore y avoir du jus de cuisson dans la casserole. Ajouter les pois chiches à la fin de la cuisson pour les réchauffer avec les carottes et les panais.
Rincer le quinoa avant de le verser en pluie dans une casserole d'eau bouillante. Laisser cuire 18 minutes et égoutter.
Ajouter les raisins secs, le persil et la menthe ciselés. Saler, poivrer et mélanger.
Servir la ratatouille de carottes avec le quinoa.

Salade de lentilles & jambonneau

Ingrédients pour 4 personnes

150 g de lentilles vertes
80 g de lentilles corail
1 panais
1 betterave cuite
200 g de jambonneau cuit
½ radicchio (salade trévise)
100 g d'édamame (fèves de soja)
200 g de fromage frais
5 cl de vinaigre de vin rouge
5 branches de cerfeuil
sel
poivre

Rincer les lentilles vertes avant de les placer dans une casserole avec 2 fois leur volume d'eau froide légèrement salée. Porter à ébullition et couvrir. Laisser cuire 20 minutes et égoutter.
Répéter l'opération avec les lentilles corail pour une cuisson d'environ 15 minutes.
Couper le jambonneau en lanières et, si possible, ajouter l'os du jambonneau avec l'eau de cuisson des lentilles pour mieux les parfumer.
Éplucher et couper le panais en dés.
Dans une casserole d'eau bouillante, faire cuire le panais pendant 20 minutes et l'édamame écossé 5 minutes.
Couper la betterave épluchée en gros morceaux avant de la mixer avec du sel, du poivre et le vinaigre de vin. Ajouter le fromage frais et mixer à nouveau.
Mélanger les lentilles, le panais et l'édamame. Ajouter le jambonneau, arroser l'ensemble de sauce à la betterave et saupoudrer de cerfeuil ciselé. Servir avec le radicchio lavé et coupé en gros morceaux.

Quinoa & légumes

Ingrédients pour 4 personnes

150 g de quinoa
3 carottes
¼ chou blanc
100 g d'édamame (fèves de soja)
½ citron
15 cl de jus de carotte
4 branches de persil plat
5 branches de cerfeuil
10 cl d'huile de colza
5 cl de vinaigre de vin
sel
poivre

Rincer le quinoa avant de le verser en pluie dans une casserole d'eau bouillante. Laisser cuire 18 minutes, rincer à l'eau froide et égoutter.
Laver, éplucher et couper les carottes en cubes. Les cuire dans une casserole d'eau salée bouillante pendant 15 minutes.
Émincer très finement le chou blanc.
Cuire l'édamame écossé 5 minutes dans une casserole d'eau bouillante.
Préparer une vinaigrette avec le jus de carotte, le jus du citron, l'huile de colza et le vinaigre de vin. Saler et poivrer.
Mélanger le quinoa, les carottes, le chou blanc et l'édamame. Arroser de vinaigrette de jus de carotte et saupoudrer de persil et de cerfeuil ciselés.
Rectifier l'assaisonnement, mélanger à nouveau et servir.

Crumble vitelotte & curcuma

Ingrédients pour 4 personnes

4 carottes
3 navets
2 panais
1 blette
10 pommes de terre vitelottes
2 petits oignons jaunes
2 gousses d'ail
2 branches de thym
5 g de curcuma en poudre
60 g de beurre
100 g de farine
15 cl d'huile d'olive
sel
poivre

Préchauffer le four à 180 °C.
Laver, éplucher et couper en cubes les carottes, les navets et les panais.
Émincer les oignons et la blette.
Dans une casserole, faire chauffer l'huile d'olive avant d'ajouter l'ail haché, puis les oignons émincés.
Incorporer les cubes de carottes, de navets et de panais. Laisser cuire avec un filet d'eau environ 10 minutes avant d'ajouter la blette. Poursuivre la cuisson 10 minutes à feu doux.
Dans une casserole d'eau bouillante salée, cuire les pommes de terre épluchées 15 minutes.
Pendant ce temps, préparer le crumble au curcuma en mélangeant le beurre froid coupé en morceaux avec la farine et le curcuma.
Dans un grand plat à gratin, disposer les légumes, puis les pommes de terre et recouvrir de pâte à crumble.
Enfourner environ 10 minutes afin de gratiner le crumble aux légumes.

Épeautre sucré-salé

Ingrédients pour 4 personnes

200 g d'épeautre
¼ céleri-rave
1 botte de radis (de couleurs différentes si possible)
2 carottes
1 orange
20 g de prunes séchées
1 pomme Jonagold
2 branches de persil plat
15 cl d'huile de colza
sel
poivre

Faire tremper les grains d'épeautre dans 2 fois leur volume d'eau. Retirer les résidus remontés à la surface, puis rincer 2 fois.
Verser l'épeautre rincé et égoutté dans une casserole avec 2 fois son volume d'eau. Porter à ébullition à feux doux. Laisser cuire 35 minutes.
Stopper la cuisson, couvrir et laisser reposer 15 minutes.
Laver et couper en fine julienne le céleri-rave et les carottes épluchées.
Couper l'orange en deux. Avec une moitié, faire un jus et séparer l'autre moitié en segments.
Laver et couper la pomme en cubes. Laisser la pomme mariner dans le jus d'orange.
Ajouter à l'épeautre cuit les radis coupés en fines rondelles, le céleri, les carottes, la pomme, le jus d'orange, l'orange, les prunes coupées en petits morceaux et l'huile de colza. Saler, poivrer, mélanger et servir.

Salade betterave & chèvre

Ingrédients pour 4 personnes

200 g de betterave rouge cuite
1 pomme Jonagold
15 g de noisettes
2 oignons blancs
120 g de chèvre frais
20 cl d'huile de colza
15 cl de vinaigre balsamique
20 g de ciboulette
2 branches de persil
sel
poivre

Faire revenir la betterave coupée en cubes dans une poêle antiadhésive avec le vinaigre balsamique pendant 15 minutes à feu doux. Saler et poivrer en fin de cuisson. Retirer du feu et laisser refroidir.
Mélanger le chèvre frais avec la ciboulette ciselée. Saler et poivrer.
Quand la betterave est froide, la mélanger dans un saladier à la pomme coupée en cubes. Ajouter les oignons émincés et les noisettes. Arroser d'huile de colza. Saupoudrer de persil ciselé et servir avec le chèvre frais à la ciboulette.

Magret de canard & penne aux légumes

Ingrédients pour 4 personnes

150 g de penne complètes
120 g de magret de canard fumé
2 branches de céleri vert
¼ céleri-rave
40 g d'abricots secs
1 oignon rouge
2 branches de persil plat
2 cuillères à café de moutarde
20 cl d'huile de colza
1 filet d'huile d'olive
10 cl de vinaigre de vin
sel
poivre

Dans une grande casserole d'eau bouillante salée, faire cuire les pâtes avec un filet d'huile d'olive.
Laver et couper en petits morceaux les branches de céleri vert.
Râper le céleri-rave et le faire cuire 10 minutes dans une casserole d'eau bouillante.
Préparer une vinaigrette avec la moutarde, l'huile de colza et le vinaigre de vin. Saler et poivrer.
Mélanger les pâtes, le céleri vert, le céleri-rave et l'oignon émincé. Arroser de vinaigrette et saupoudrer de persil ciselé. Terminer par les abricots secs coupés en cubes et surmonter l'ensemble de tranches de magret de canard fumé.

Riz rouge, pois & amandes

Ingrédients pour 4 personnes

100 g de riz rouge
100 g de petits pois
120 g d'édamame (fèves de soja)
1 citron vert
30 g d'amandes entières
5 branches de cerfeuil
4 cuillères à café de vinaigre de riz
10 cl d'huile de colza
sel
poivre

Rincer le riz à l'eau froide pour enlever les impuretés.
Porter une grande casserole d'eau à ébullition avant d'y plonger le riz.
Laisser cuire 18 minutes en mélangeant régulièrement.
Rincer à l'eau froide après la cuisson.
Écosser les petits pois et l'édamame.
Dans une grande casserole d'eau bouillante, faire cuire en même temps les petits pois et l'édamame pendant 10 minutes. Rafraîchir aussitôt après la cuisson avec de l'eau froide.
Mélanger le riz rouge, les petits pois, l'édamame et les amandes. Arroser du jus de citron vert, d'huile de colza et de vinaigre de riz. Saler, poivrer, saupoudrer de cerfeuil ciselé. Mélanger à nouveau avant de servir.

Tarte salée façon tartiflette

Ingrédients pour 4 personnes

1 pâte feuilletée toute prête
2 reblochons
500 g de pommes de terre
200 g de jambon de la Forêt-Noire
2 œufs
15 cl de crème fraîche liquide
2 pincées de noix de muscade râpée
sel
poivre

Disposer la pâte dans un moule à tarte avec le papier sulfurisé. La couvrir de fèves ou autres afin que la pâte ne gonfle pas. Placer le moule au réfrigérateur pendant 30 minutes et préchauffer le four à 180 °C. Cuire le fond de pâte en l'enfournant 15 minutes. Retirer ensuite le papier sulfurisé et les fèves.
Ne pas éteindre le four.
Éplucher et couper en rondelles les pommes de terre.
Dans une casserole d'eau bouillante, faire cuire les pommes de terre 3 minutes, elles doivent encore être légèrement croquantes.
Couper les reblochons en tranches et le jambon en lanières.
Dans un bol, mélanger les œufs, la crème et la noix de muscade râpée.
Disposer sur le fond de tarte une couche de tranches de reblochon, puis une couche de lanières de jambon et enfin une couche de rondelles de pommes de terre. Répéter l'opération.
Arroser du mélange œufs-crème-muscade et enfourner 40 minutes.

Quiche panais & poires

Ingrédients pour 4 personnes

1 pâte sablée toute prête
2 panais
½ céleri-rave
2 poires
200 g de gorgonzola
2 œufs
15 cl de lait
2 pincées de noix de muscade râpée
sel
poivre

Abaisser la pâte dans un moule à tarte garni de papier sulfurisé. Placer le moule au réfrigérateur et préchauffer le four à 180 °C.
Éplucher et couper le céleri, le panais et les poires en cubes.
Dans une casserole d'eau bouillante salée, blanchir quelques minutes le céleri et le panais.
Enfourner la pâte 15 minutes pour la préchauffer.
Dans un bol, mélanger les œufs, le lait et la noix de muscade râpée. Saler, poivrer et ajouter le gorgonzola coupé en cubes.
Disposer le panais, le céleri et les poires dans le fond de la tarte. Verser le mélange œufs-lait-muscade-gorgonzola et enfourner 40 minutes.

Tarte aux poireaux & patates douces

Ingrédients pour 4 personnes

1 pâte sablée toute prête
1 poireau
3 petites patates douces
200 g de lard fumé
150 g d'emmenthal
2 œufs
15 cl de lait
10 cl de crème fraîche liquide
2 pincées de noix de muscade râpée
sel
poivre

Abaisser la pâte dans un moule à tarte garni de papier sulfurisé. Placer le moule au réfrigérateur et préchauffer le four à 180 °C.
Éplucher et couper en cubes les patates douces.
Laver et couper le poireau en épaisses rondelles.
Dans une grande casserole d'eau bouillante salée, blanchir quelques minutes le poireau et les patates douces.
Enfourner la pâte 15 minutes pour la préchauffer.
Couper le lard en cubes et le mélanger aux poireau et patates douces cuits.
Disposer l'ensemble sur le fond de tarte.
Dans un bol, mélanger les œufs, la crème, le lait et la noix de muscade râpée.
Saler, poivrer et verser cette préparation sur les légumes et le lard.
Râper l'emmenthal et le saupoudrer sur la tarte avant d'enfourner 40 minutes.

Quiche au chou kale

Ingrédients pour 4 personnes

1 pâte sablée toute prête
1 chou kale
4 pommes de terre
150 g de lard fumé
100 g de comté
1 oignon rouge
2 œufs
25 cl de lait
1 pincée de noix de muscade râpée
sel
poivre

Abaisser la pâte sur un moule à tarte garni de papier sulfurisé. Placer le moule au réfrigérateur et préchauffer le four à 180 °C.
Dans une grande casserole d'eau bouillante salée, blanchir le chou kale coupé en lanières pendant 10 minutes avant de l'égoutter.
Enfourner la pâte 15 minutes pour la préchauffer.
Couper le lard en lanières et émincer l'oignon.
Mélanger le kale cuit avec le lard et l'oignon.
Disposer le mélange sur le fond de tarte.
Dans un bol, battre les œufs avec le lait et la noix de muscade râpée.
Saler, poivrer et verser sur le chou kale, l'oignon et le lard.
Disposer le comté coupé en tranches et enfourner 40 minutes.

TABLE DES MATIÈRES

L'équipe EXKi tient à remercier chaleureusement Olivier Langlet, son chef de cuisine exécutif, pour la rédaction des recettes de cet ouvrage, ainsi que Frank Fol, le « chef des légumes », pour sa collaboration culinaire avec EXKi depuis le début de l'aventure en 2001. Un grand merci également à Béatrice Vigot-Lagandré pour son aide fidèle dans la rédaction des bons conseils sur les légumes ainsi qu'à toutes les équipes produits et les équipiers des restaurants EXKi pour leur talent à sublimer quotidiennement le meilleur de la Nature au cœur de toutes nos recettes.

Photographies : David Japy
Stylisme : Sabrina Fauda-Rôle
Illustrations : Mesdemoiselles

58, rue Jean Bleuzen
92170 Vanves

8840004/1
ISBN : 978-2-501-10500-2
Dépôt légal : avril 2016
Achevé d'imprimer en Espagne par Estella Graficas en avril 2016